Faculté de Droit de Paris.

THÈSE

POUR

LA LICENCE.

PARIS,

Vᵉ Ballard, Imprimeur du Roi
Et de la Faculté de Droit de Paris,
RUE J.-J. ROUSSEAU, Nᵒ. 8.

1829.

THÈSE

POUR LA LICENCE.

L'acte public sur les matières ci-après sera soutenu le vendredi 28 août 1829, à neuf heures,

Par Pierre-Alexandre-James DU TEIL, né à Strasbourg (Bas-Rhin).

PRÉSIDENT, M. DUCAURROY, PROFESSEUR.

SUFFRAGANS,
{
MM. DURANTON,
DEMIAU,
PELLAT,
DUFRAYER,
}
PROFESSEURS.

SUPPLÉANT.

Le Candidat répondra en outre aux questions qui lui seront faites sur les autres matières de l'enseignement.

PARIS,

Vᵉ BALLARD, IMPRIMEUR DU ROI ET DE LA FACULTÉ DE DROIT,
RUE J.-J. ROUSSEAU, Nº. 8.

1829.

DILECTISSIMIS PARENTIBUS.

JUS ROMANUM.

Res judicata dicitur quæ finem controversiarum pronuntiatione judicis accepit : quod vel absolutione, vel condemnatione contingit.

Cum res judicata pronuntiationis, seu sententiæ sit effectus, dispiciemus igitur de causa priusquam veniamus ad effectum.

Ita expositis, 1°. quæ sententiæ rem judicatam faciant; dicemus, 2°. de rei judicatæ natura, 3°. de actione quæ ex illa oritur; 4°. denique quomodo perducatur ad executionem.

§ I.

Ut sententia rem judicatam pariat; multa 1°. in judice; multa 2°. in litigatoribus; multa 3°. in ipsa sententia desiderantur. Ex queis illa præcipue enarrabimus quæ ex nostro titulo constant, cum aliunde latius vagaremur.

1°. Requiritur ut competens judex dicat sententiam, id est, si magistratus, apud eum potuerit reus conveniri; si judex datus notio illi a magistratu conferri potuerit.

Requiritur in judice viginti quinque annorum ætas, nisi forte datus fuerit ex consensu, scientibus iis qui in eum consentiebant; vel sit magistratus a principe delectus qui omnia gerere decrevit : modo enim in illis octo decem annorum ætas reperiatur necesse est.

Cum plures judices dati sunt, tunc non competentes, nisi omnes judicarunt : judicare intelliguntur cum adsunt judicio : nec refert quin unus ex illis contra sentiat, vel sibi de re non liquere juraverit, si pars major consentiat circa sententiam.

2°. Adsint liti gatores liti necesse est. Cum unus ex illis abfuerit pro illo quidem sententia lata valet; sed non sententia contra illum lata : quæ tamen non jure corruere videtur, sed si ubi cognoverit, detulerit querelam condemnatus.

Ita cum citra contumaciam abfuit litigator, sin vero contumaciter, nihilominus jure agitur causa, et si litem amiserit, non illi appellationis beneficio uti licet. Contumax ille est qui tribus edictis conventus, quorum ultimum peremptorium, (id est non ultra patitur adversarium tergiversari sicque derimit disceptionem); vel uno pro tribus edictis peremptorio conventus (quod æstimandum a judice pro causæ et personæ, vel temporis conditione); vel denique tribus denuntiationibus in peremptorii edicti vicem, præsentiam sui facere neglexerit. Non enim quivis absens legitimo modo citatus contumax haberi debet : certe contumaciæ pœna non afficeretur, qui morbo sontico laborasset, cuique rei agendæ impedimento; vel ad majus auditorium vocatus esset : nec contra pupillum indefensum, vel eum qui reipublicæ causa abfuerit, vel minorem viginti quinque annis, propositum valeret peremptorium.

3°. Non omnis sententia rem judicatam facere potest, sed illa modo quæ finem imponit liti, et proinde definitiva dicitur. Aliæ sunt præter illam sententiæ, scilicet interlocutiones, quæ ad litis progressum, et ordinationem spectant, veluti, si partes certo die adesse jusserit prætor : interlocutiones mutari possunt, non vero definitiva sententia, qua dicta controversiæ et judicis partibus finis datur. Licet tamen quædam actorum verba emendare, tenore sententiæ perseverante : non illa emendatio pro mutatione habetur.

5

Cum ad litem dirimendam destinata sit definitiva sententia,
necesse est : 1º. condemnationem , vel absolutionem contineat ;
secus enim nulla partibus obligatio inferretur, v. g., si partibus
ex æquo et bono pacisci suadeat judex ; 2º. sit certæ quantitatis
aut rei : sufficiet autem, si ad aliquid per quod determinetur habeat relationem, v. g., summam expresserit actor, et condemnat
judex *solve quod petitum est, vel quantum petitum est.*

Caveat etiam judex, ne contra leges vel constitutiones, vel se-
natusconsultum proferat sententiam; id est, illa non observanda
expresse dicat, veluti ad tutelæ excusationem, neque ætatem,
neque liberorum munus prodesse : quæ sic adversatur legibus sententia, stare nequaquam potest. Non ita si contraria quidem
legibus sententia, contra illas tamen non expresse pronuntiaverit :
a fortiori, si modo pronuntiatum, causam de qua agitur, per illas
non juvari.

Notandum quod licet definitiva omnis sententia finem liti im-
ponere, et rem judicatam facere dicatur; stricto tamen sensu
auctoritate illa non exornari , nisi extra periculum appellationis
posita sit.

§ II.

Rei judicatæ natura est, ut sit immutabilis, etiam si male judicatum esset : res enim judicata pro veritate habetur.

Illud non adeo generaliter obtinet, ut exceptiones inferri ne-
queant : ex quibusdam igitur causis evenit, ut rei judicatæ aucto-
ritas non immutabilis remaneat, scilicet, si compertum fuerit ex
falsis instrumentis judicatum esse; et fidem illorum secutum pro-
nuntiasse judicem; quandoque si nova reperta fuerint instrumenta.
Denique si dolus adversarii intervenerit, v. g., judex ab eo cor-
ruptus dicatur.

Certi juris est, rem inter alios judicatam aliis non præjudicare, at illi pariter principio exceptiones inferendæ sunt : rem enim judicatam aliis præter litigatores nocere constat, si jus illorum pendeat ab illius jure qui condemnatus est, v. g., cum injustum dictum fuerit testamentum contra scriptum heredem, corruunt libertates legataque in illo scripta. Nec dicatur haud obesse sententiam si quis de ea re cujus primum sibi defensio competit sequentem agere patiatur, v. g., creditor de pignore permiserit debitorem experiri : certe requiritur in illo posteriori casu illius scientia, cui præjudicium irrogari potest, id est, cognoverit in id quod intererat judicium esse.

Quæ nisi reperiantur scientibus etiam in id quod intererat judicium esse, præjudicium non afferre sententiam dicendum est. Si igitur ex duobus heredibus debitoris, alter condemnetur, alteri manet integra defensio, etiamsi cum coherede agi scierit : quippe jus illius ab alterius jure non pendet : nec primum illi defensio competebat, proindeque non videri potest, judicio obtemperandi habuisse animum, cum passus fuerit solum agere coheredem.

§ III.

Judicio accepto quasi videntur contrahere litigatores, et ex illo contractu nascitur illis obligatio judicati, id est, præstandi quod erit judicatum.

Ut illa obligatio habeat effectus, si res judicata aliquem absolvit, parit ei rei judicatæ exceptionem : si vero condemnat aliquem, parit adversus eum actionem judicati.

Actione judicati illud exigitur quod dixit sententia, nec necesse est satisfactione accepta requiescat : si pecuniæ igitur solutio pronuntiata est, pecunia solvenda, ne obligationes ex obligationibus nascantur : ex magna tamen, et idonea causa, satisfactioni indulgendum esset.

Interdum non in illum qui condemnatus est, actio judicati datur; si acta fuerit causa per procuratorem qui se non obtulerit liti, vel in rem suam non sit datus; procuratore enim condemnato actio datur adversus dominum.

Pluribus condemnatis, non in solidum competit judicati actio adversus eos, nisi illud expresserit sententia : nec argumentum esset, quod plures in unam summam fuerint condemnati, vel etiam in ea causa ex qua in solidum singuli tenebantur.

Actio judicati perpetua est : heredi, atque in heredem transit.

§ IV.

Judicatis indulgetur beneficium induciarum ad solutionem; quod locum habet maxime, cum quis judicio in personam condemnatus est; licet quandoque in rem condemnato concedatur tempus, si rem præsto non habeat.

Induciæ illæ ex lege Tabularum triginta dierum erant, post auctæ sunt ad duos menses, et a Justiniano, ad menses quatuor. Heredibus competunt fidejussoribusque (ejusdem beneficio).

Legitimæ induciæ non semper servantur: tempus enim judicati prorogare potest vel etiam arctare magistratus; judex datus modo prorogare potest.

Haud dubium est quin ante elapsas inducias, possit judicati obligatio solvi, id est quod in condemnationem deductum est solvere posse condemnatum, vel se quocumque modo liberare, qui pro solutione sit.

Si judicati obligatione, intra inducias quæ illi et dari, et prorogari possunt, non liberatus fuerit condemnatus, executioni mandatur sententia, illius magistratus auctoritate, qui dixerit sententiam, vel dederit judices, vel exequendæ sententiæ jussum acceperit.

Quatuor sunt, sententiarum exequendarum modi, scilicet, 1°. manus militaris quæ in rei vindicationis judicio adhibetur, si rem per vim condemnato auferri oporteat; 2°. missio in possessionem bonorum debitoris latitantis; 5°. nexus, qui, prisco jure, adeo immanis, ut servire cogeretur debitor, vel suppliciis oneraretur, postea factus est propior humanitati, cum in carcere publico detineretur, et in illos daretur actio qui victum vel stratum inferre prohiberent; 4°. denique pignorum capio et addictio competit.

Ut pignora capiantur et distrahantur, magistratus, solet dare executorem, cui de capiendis distrahendisque, ordo servandus imponitur : primo enim ad res mobiles; deinde ad immobiles : novissimo denique loco ad jura deveniendum est. Si tamen de aliqua re controversia extiterit, omittenda est, et alteram in locum succedere oportet, quæ sit absque controversia. Cum vero de controversia pronuntiandum habuerint executores, sententiæ illorum modo effectus ille præstatur, ut res annumeretur inter pignora, salvo debitoris, et contradicentis jure. Circa jura notandum quod omittenda sint omnino, si quis se debere negaverit.

Captis pignoribus, rursus induciæ condemnato conceduntur, scilicet duo menses, quibus elapsis addicuntur pignora majus pretium offerenti : si propter calliditatem condemnati, emptor non inveniatur; creditori addici possunt, dominio in eum transeunte. Addicuntur autem, pro modo quantitatis debitæ, nisi bonis contentus, illa in solutione acceperit; et de obligatione judicati, veluti pacto transegisse videatur.

Superest admoneamus non contra omnes, juxta juris rigorem sententiam exequendam esse : Quidam enim debitores, non ultra quod facere possunt ad solutionem debent urgeri, et quanquam in solidum condemnati fuerint, beneficium illud remanet.

Non in solidum, sed in id quod facere possunt ad solutionem

urgentur, socius pro socio, parens, patronus patronaque liberi eorum et parentes; item miles qui sub armata militia stipendia meruit; item vir et uxor; item soter si, constante matrimonio, dos ab eo petatur. Item filius-familias ex contractibus quos in potestate fecit, si exheredatus a patre, vel emancipatus, vel paterna hereditate sese abstinuerit. Importuna enim petitio adversus eum qui novam constituit familiam, et cujus res nondum consistunt.

Donatori denique competit ne urgeatur ultra facultates. Latius etiam illi quam aliis succurrunt leges. Cum enim præter illum omnes qui beneficio gaudent, conveniuntur, ratio quidem habenda est ne egeant, sed nulla ratio æris alieni habenda, cujuscumque conditionis sint creditores quibus superest satisfaciendum, etiam si illis in solidum condemnandus debitor. Contra si donator convenitur, non solum unde se alat debet relinqui, sed unde etiam aliis satisfaciat creditoribus quibus in solidum condemnandus est; non illis vero qui pariter nequeunt ultra facultates urgere cum inter illius causæ creditores, occupantis melior sit conditio.

Beneficium de quo dicimus si actio in personam extiterit locum habet, non vero si actio in rem; et ipse donator fundum donatum restituere teneretur. Illud pariter commune est quod omnes idonei habeantur et in solidum conveniri possint, si dolo desierint solvendo esse.

Cum in personæ contemplationem concedatur, ne quis ultra facultates urgeatur, nihil prodest nec heredibus, nec fidejussoribus.

THESES.

I. An prior actio ex judicati actione novetur? — Novatur, sed non per omnia.

II. An res judicata propter instrumenta noviter reperta, infirmari possit? — In privato negotio non potest, nisi excipiantur tres casus :

1°. Si per juramentum lis decisa fuerit;

2°. Si dolo adversarii acciderit ne instrumenta ederentur;

3°. Si in illis causis quæ ex testamento proficiscuntur posterius testamentum repertum fuerit ;

III. An is qui mulieri donavit dotem, quam promiserit marito, ab eo conventus in solidum damnari debeat? — Debet, constante matrimonio.

DROIT FRANÇAIS.

CONTRAINTE PAR CORPS.

La contrainte par corps est le droit accordé au créancier de priver son débiteur de la liberté, pour le forcer à remplir ses engagemens. L'expérience a démontré la nécessité de cette voie d'exécution rigoureuse. Après avoir existé dans notre ancienne législation, pour dettes civiles sans restriction, jusqu'en 1304, restreinte alors aux cas où elle serait stipulée ; étendue, en 1566, à toutes condamnations ; resserrée enfin dans de justes limites par l'ordonnance de 1667, la contrainte par corps fut abolie le 9 mars 1793, pour ainsi dire, sans discussion et sans examen, sur des prétextes d'humanité et de philantropie. Cette abolition ne fut pas long-temps maintenue. Des réclamations s'élevèrent de toutes parts, et la loi du 24 ventose l'ayant rétablie en principe, dans les cas autorisés par les lois antérieures, bientôt une seconde loi, du 15 germinal an 6, vint régler l'application de cette disposition générale en matière civile, en matière commerciale, et enfin, les formalités de l'exécution.

Maintenant, ces différentes divisions sont traitées séparément dans les codes civil, de commerce et de procédure. Nous avons à nous occuper seulement de la contrainte par corps en matière civile, et du mode d'exécution, qui seront l'objet de deux paragraphes.

§ Ier.

(Cod. civ., art. 2059 , 2070.)

En principe général, la contrainte par corps est interdite en matière civile , parce que la liberté des personnes doit être préférée aux intérêts pécuniers d'un créancier. C'est seulement, lorsque l'intérêt public se lie à l'intérêt du créancier ; lorsque la conduite du débiteur prend le caractère du dol ou d'une faute grave , que des exceptions étant portées au principe protecteur de la liberté individuelle , la contrainte par corps est appelée à devenir la garantie de la propriété , et des engagemens auxquels on voudrait porter atteinte.

La loi détermine les cas exceptionnels dans lesquels il est permis de contraindre par corps. Hors les cas déterminés par elle , la liberté des citoyens ne peut être restreinte ; et , pour prévenir les abus dans les restrictions qu'elle apporte elle-même à cette liberté , l'intervention des tribunaux est nécessaire ; la contrainte par corps ne peut être appliquée qu'en vertu d'un jugement.

On distingue en matière civile deux sortes de contraintes par corps : l'une légale , prononcée indépendamment de toutes conventions : l'autre conventionnelle , qu'il est permis aux parties de stipuler dans certaines circonstances.

La contrainte légale est ordonnée impérieusement par la loi, ou laissée à l'arbitrage des juges.

La contrainte par corps est ordonnée par la loi,

1°. Dans le cas de stellionat. Il y a stellionat, lorsqu'on vend ou qu'on hypothèque une immeuble, dont on sait n'être pas propriétaire ; lorsqu'on présente comme libre des biens hypothéqués , ou que l'on déclare des hypothèques moindres que celles dont ces biens sont chargés. Pour qu'il y ait stellionat et application de la contrainte par corps, deux conditions sont nécessaires : il faut intention de tromper, qui motive la rigueur de la peine, et un dommage causé, qui exige une réparation civile : *consilium et eventus* : l'intention frauduleuse est présumée contre les maris et les tuteurs qui ne déclarent pas expressément l'hypothèque légale non encore inscrite, dont leurs biens sont grevés;

2°. Pour violation du dépôt nécessaire contre les aubergistes, les voituriers par terre et par eau, etc. Le dépot nécessaire, souvent nécessité par l'infortune, n'est jamais le résultat d'un engagement entièrement libre. Cette considération et la mauvaise foi du dépositaire, justifient l'application de la peine de contrainte, prononcée encore à peu près dans les mêmes motifs;

3°. Pour répétition des deniers consignés entre les mains de personnes publiques;

4°. Pour la représentation des choses déposées aux commissaires, sequestres, et autres gardiens judiciaires;

5°. Contre les notaires, les avoués et les huissiers, pour la restitution des titres à eux confiés, et des deniers de leurs cliens, reçus par suite de leurs fonctions;

6°. Contre tous officiers publics, pour la représentation de leurs minutes, quand elle est prononcée.

La contrainte par corps est encore applicable en vertu de la loi :

7°. En cas de réintégrande, contre ceux qui se sont emparés d'un fonds par voies de fait, pour le délaissement de ce fonds ordonné par justice, la restitution des fruits perçus pendant l'indue possession, et les dommages intérêts;

8°. Contre les cautions judiciaires qui se sont soumises à cette contrainte.

La contrainte légale est laissée à l'arbitrage des juges dans les circonstances suivantes :

1°. Ceux qui, par un jugement rendu au pétitoire, ont été condamnés à désemparer un fonds, et qui refusent d'obéir, peuvent être contraints par corps en vertu d'un second jugement;

2°. Les fermiers et les colons partiaires sont passibles de la même peine, faute par eux de représenter à la fin du bail, le cheptel de bétail, les semences et les instrumens aratoires qui leur ont été confiés, à moins qu'ils ne justifient que le déficit de ces objets ne procède pas de leur fait ;

3°. Enfin, l'application de la peine de contrainte résulte de plusieurs dispositions du Code de procédure. La plus importante de ces dispositions est celle qui permet aux juges de la prononcer pour dommages-intérêts en matière civile, pour reliquat de compte, de tutelle, curatelle, d'administration de corps et communauté, établissemens publics, ou de toute administration confiée par justice, et pour toutes restitutions à faire par suite desdits comptes.

La contrainte par corps conventionnelle n'est autorisée que dans deux espèces de contrats : 1° dans ceux qui ont pour objet le cautionnement des contraignables par corps; 2°. dans les baux à ferme des biens ruraux pour le paiement des fermages.

Dans les circonstances même où la contrainte par corps est autorisée, elle ne peut cependant pas être exercée contre toutes personnes : la justice et l'humanité ont fait admettre des exceptions. Ainsi elle ne peut avoir lieu contre le débiteur d'une somme moindre de 300 fr. : l'impuissance de payer cette somme annonçant un état voisin de l'indigence qui la rendrait inutile au créancier. En considération de son âge, le mineur n'est dans aucun cas soumis à la contrainte par corps en matière civile. Par suite du même motif, le septuagénaire en est aussi exempt, sauf le cas de stellionat; à cause de la faiblesse de leur sexe, les femmes ou filles en sont encore affranchies, comme le septuagénaire, sauf le cas de stellionat. Les femmes mariées ne sont réputées

stellionataires que lorsqu'elles sont séparées de biens, ou lorsqu'elles ont des biens dont elles ont conservé l'administration,
à raison des engagemens qui les concernent.

La morale publique commande encore une exception, qu'on
ne peut refuser d'admettre malgré le silence de la loi : il faut
reconnaître que la contrainte ne serait pas permise entre personnes unies ensemble par les liens les plus sacrées, entre époux,
entre un père et son fils, entre frères. *Quod legibus omissum
est non omittetur religione judicantium.*

PROCÉDURE.

Art. 541-556, 788-805.

La contrainte par corps est mise à exécution par l'arrestation
du débiteur déclaré contraignable, et son emprisonnement dans
un lieu consacré aux détenus pour dettes : cette arrestation et
cet emprisonnement sont assujettis : 1º aux règles générales prescrites pour toute exécution forcée. ; 2º aux règles spéciales qui
leur sont assignées.

1º. *Règles générales.*

Il n'est permis de recourir aux voies d'exécution forcée don-
nées par la loi que pour dette liquide, certaine, exigible : pour la
contrainte par corps, il faut que la liquidation soit faite en
argent, afin que le débiteur puisse se libérer en offrant ou consignant la somme.

Les jugemens rendus et les actes passés en France sont exécutoires dans tout le royaume, sans permission particulière pourvu
qu'ils portent le même intitulé que les lois, et qu'ils soient ter-
minés par un mandement au nom du Roi. Les jugemens rendus
en pays étrangers, et les actes reçus par les officiers étrangers

ne sont susceptibles d'exécution, s'il n'y a pas d'exception dans les lois politiques ou les traités, qu'après avoir été déclarés exécutoires par les tribunaux français qui n'ordonnent l'exécution qu'en connaissance de cause, après que les droits ont été de nouveau débattus.

Le jugement qui a prononcé la condamnation doit être signifié à la partie et à son avoué; il n'est exécutoire à l'égard des tiers que sur certificat de signification délivré par l'avoué, et certificat de greffier, constatant qu'il n'existe ni opposition ni appel.

2°. Règles spéciales.

La contrainte par corps ne peut être mise à exécution qu'après signification du jugement qui l'a prononcée, faite par huissier commis. Cette signification doit être accompagnée d'un commandement qui n'est valable que pour une année, et contenir élection de domicile dans le lieu où siége le tribunal qui a rendu le jugement, si le créancier n'y demeure pas.

L'arrestation peut avoir lieu un jour après cette signification; mais différentes circonstances peuvent y mettre obstacle. Le débiteur ne peut être arrêté, si, appelé à témoigner en justice, il est porteur d'un sauf-conduit qui règle la durée de son effet. L'arrestation ne peut non plus avoir lieu avant le lever et après le coucher du soleil; les jours de fête légale; dans les édifices consacrés au culte pendant les exercices religieux; dans le lieu, et pendant les séances des autorités constituées; dans une maison quelconque, même le domicile du débiteur, à moins que le juge de paix ne l'ordonne et ne se transporte dans la maison avec l'officier ministériel, lequel constate sur son procès-verbal, la requête adressée au juge, son ordonnance, et enfin sa présence au lieu de l'exécution.

L'huissier qui exerce la contrainte doit avoir reçu un pouvoir spécial du créancier : l'assistance de deux recors lui est nécessaire pour procéder; il dresse un procès-verbal d'emprisonnement qui contient les formalités ordinaires des exploits, et de plus itératif commandement, et élection de domicile dans la commune où le débiteur sera détenu, si le créancier n'a déjà dans cette commune un domicile réel, ou un domicile d'élection.

Si le débiteur élève des difficultés sur l'emprisonnement, le président du tribunal du lieu de l'arrestation statue par voie de référé; son ordonnance, provisoirement exécutoire, est consignée sur le procès-verbal de l'huissier.

Le débiteur qui ne requiert pas qu'il en soit référé, ou dont les demandes ont été rejetées, doit être conduit à la prison la plus voisine. Pour l'y faire admettre, l'huissier présente le jugement qui autorise la contrainte, consigne d'avance un mois d'alimens; puis il rédige l'acte d'écrou qui énonce le jugement; les noms et domicile du créancier; l'élection de domicile s'il ne demeure pas dans la commune; les noms, profession, demeure du débiteur; la consignation des alimens; enfin mention de la copie qui sera laissée au débiteur, du procès-verbal d'emprisonnement et de l'écrou.

L'emprisonnement est nul en cas d'inexécution des formalités prescrites; cette demande en nullité est portée au tribunal du lieu de la détention; la demande fondée sur des moyens du fonds doit être portée devant le tribunal de l'exécution du jugement. L'emprisonnement déclaré nul peut donner lieu à des dommages-intérêts.

Les demandes en nullité entraînant toujours quelques délais, malgré qu'elles puissent être faites à bref délai, et jugées sommairement, le débiteur pourra obtenir sa liberté avant le jugement qui statue sur ses réclamations, en consignant entre les mains du geolier, les causes de son emprisonnement, et les frais de la capture.

Le créancier d'un débiteur déjà incarcéré peut le retenir en prison, en vertu d'un acte appelé recommandation, assujetti aux formalités de l'emprisonnement (sauf qu'il n'est besoin ni de recors, ni de consignation d'alimens), et qui conserve ses effets, même après que l'emprisonnement est déclaré nul.

Le débiteur légalement incarcéré obtient son élargissement :

1º. Par le consentement du créancier qui l'a fait emprisonner, et des recommandans , donné sur le registre d'écrou , ou par acte devant notaire;

2º. Par le paiement ou la consignation des sommes dues et aux créanciers , et aux recommandans , des intérêts échus, des frais liquidés , de ceux d'emprisonnement , et de la restitution des alimens consignés;

3º. Par le bénéfice de cession.

4º. A défaut de consignation d'alimens , sur le certificat de non-consignation délivré par le geolier ;

5º. Enfin, si le debiteur a commencé sa soixante-dixième année , et qu'il ne soit pas stellionataire.

Les demandes en élargissement sont portées au tribunal dans le ressort duquel le débiteur est détenu : comme les demandes en nullité d'emprisonnement, elles sont formées à bref délai eu vertu de permission du juge, communiquées au ministère public, et jugées à la première audience sans remise ni tour de rôle.

QUESTIONS.

1º. L'art. 2060 , nº. 2 est-il subordonné aux art. 23 et suiv. du Code de procédure? Faut-il possession annale à titre non prescrit pour avoir droit de se prévaloir des dispositions de cet article ? — Nous ne le pensons pas.

2º. Le stellionat , tel qu'il est défini par le Code civil , peut-il être poursuivi par la voie criminelle? — Nous ne le pensons pas.

3º. Le débiteur peut-il faire , au domicile élu , en vertu de l'art. 780 , toutes significations , même d'offres réelles et d'appel? — Oui.

4º. Faut-il restituer au débiteur les sommes consignées pour obtenir sa liberté jusqu'au jugement qui statue sur les nullités qu'il a opposées (798), si ce jugement déclare que l'emprisonnement est nul? — Nous ne le pensons pas.

5º. Peut-on appeler d'un jugement qui prononce la contrainte par corps, quoique ce jugement ait statué en dernier ressort sur la demande? — Nous ne le pensons pas.